LES PUBLICATIONS POPULAIRES

EN FRANCE

RAPPORT

PRÉSENTÉ A L'ASSEMBLÉE GÉNÉRALE DES DÉLÉGUÉS DES ŒUVRES CATHO-
LIQUES, TENUE A MALINES LE 18 AOUT ET JOURS SUIVANTS.

I

De tous les agents qui concourent à la diffusion des idées, des opinions, des croyances, il n'en est pas aujourd'hui de plus puissants que les livres.

Dans les siècles précédents, l'enseignement oral exerçait une influence prépondérante; les classes les plus nombreuses n'en connaissaient point d'autre.

Depuis longtemps cette influence tend à se déplacer : à l'orateur, au professeur a succédé l'écrivain. Grâce à lui, et depuis que l'art de lire est devenu l'apanage de tous, chacun peut s'instruire à ses heures, sans quitter le foyer domestique, et, parmi tant d'auteurs, trouver un confident, un guide, qui se montre complaisant aux goûts de son esprit, aux passions de son cœur. Aussi, d'un bout à l'autre de l'Europe, du haut en bas de l'échelle sociale, la lecture tient une place importante dans toutes les existences.

Un pareil état de choses présente dans une proportion égale des chances d'amélioration ou de perversion pour les individus et pour la société.

D'un côté, les moyens d'arriver à la vérité sont devenus plus nombreux; de l'autre, les piéges de l'erreur se multiplient. Ces

piéges, comment les évitera la foule, composée d'hommes qu'une demi-instruction a faits présomptueux sans les rendre vraiment forts?

Abandonnés aux caprices du hasard ou aux calculs de la spéculation et du prosélytisme, contre lesquels ils n'ont aucun souci de se prémunir, ils auront dans les mains tantôt un bon livre, tantôt un livre insignifiant, souvent un livre détestable; et, presque toujours, la lecture devra tourner à leur détriment.

C'est donc un devoir sacré pour les hommes qui possèdent zèle et lumières, de travailler à résoudre d'une manière pratique et bienfaisante cette grande question de l'éducation du peuple par les livres. Elle touche d'ailleurs de trop près aux intérêts religieux et sociaux de toutes les nations, pour ne point fixer particulièrement l'attention de ceux qu'un même esprit de sage progrès, un même zèle pour le développement des œuvres catholiques, appellent ici de tant de pays divers et convient à un échange d'observations et d'idées.

Chargé de vous soumettre quelques propositions au nom de la *Société française pour l'amélioration et l'encouragement des publications populaires,* je dois, avant de les formuler, passer rapidement en revue, en m'appuyant sur des exemples empruntés à la France, les éléments si variés du problème qui se pose devant vous.

II

Et d'abord, à qui, de l'Etat ou des œuvres privées, incombe plus spécialement la mission de s'occuper des publications populaires pour les faire tourner au profit du bien moral des masses?

De la nature même des choses ressort le rôle que chacun peut s'attribuer : à l'Etat, la vigilance qui protége; aux sociétés libres, l'initiative qui donne la vie.

Un flambeau dont la lumière vacille n'éclaire pas : un livre qui ne respire aucune conviction précise est un livre mort; son contact glace les âmes. Là donc où l'Etat est indifférent en matière de foi, il ne peut devenir l'inspirateur d'une littérature; c'est à chaque groupe d'hommes croyants qu'il appartient de susciter l'école qui représentera sa pensée; et, là où l'Etat professe une religion, s'il respecte la liberté des dissidents, il leur doit de ne point imposer aux productions de l'esprit les formes d'un moule officiel.

Les associations privées, d'ailleurs, échapperont plus facilement que les représentants de l'État aux entraînements de la politique militante, disposée à transformer toutes choses en instruments de combat; elles sauront mieux se maintenir dans cette région sereine où le bien absolu est le terme devant lequel s'effacent les intérêts et les passions d'un jour.

En fait, chez nous, la direction du mouvement littéraire n'a jamais été d'une manière apparente et durable entre les mains du gouvernement; mais celui-ci a presque toujours disposé, pour défendre la société contre les doctrines immorales ou subversives, d'armes dont la puissance a varié à l'infini avec les mœurs et les institutions.

Pour nous en tenir à ce qui concerne l'époque présente et les publications populaires, le gouvernement peut user contre celles-ci de moyens préventifs très-puissants. Les livres approuvés par les fonctionnaires préposés à l'instruction publique sont seuls admis dans les écoles; et la loi relative au colportage, promulguée en 1849, complétée par un arrêté ministériel de 1852, ne permet de vendre en dehors des librairies et de distribuer gratuitement aucun livre, s'il n'a été autorisé par le ministre de l'intérieur et marqué d'une estampille. Une commission spéciale permanente, composée de notabilités politiques et littéraires, et nommée par le ministre, examine les livres destinés au colportage et sur chacun formule un avis. Il s'agit ici d'un régime légal, que je dois me contenter d'exposer.

III

Et maintenant entrons, pour les parcourir successivement, dans les sphères diverses où l'activité privée et le zèle des œuvres charitables peuvent se donner carrière.

Elles sont nombreuses, et la grande loi de la division du travail trouve ici une heureuse application.

Les mêmes ouvriers ne sauraient, en effet, sans épuiser leurs forces en de stériles efforts, avoir la prétention de tout embrasser à la fois : composition des livres, publication, colportage, distribution gratuite, formation de bibliothèques, examen critique, encouragement; ce sont là des opérations dont chacune mérite d'être l'objet de travaux spéciaux et assidus.

L'énoncé que je viens d'en faire marque d'une manière naturelle les divisions de cette étude, et nous en parcourrons la série dans l'ordre où nous les avons indiquées.

1.º COMPOSITION. — La mission de l'écrivain n'est point de celles que tout homme zélé peut se hasarder à remplir; le génie, ou du moins l'inspiration littéraire, sont nécessaires à quiconque y aspire, et la Providence ne prodigue point de pareils dons. L'écrivain médiocre nuit à la cause qu'il entreprend imprudemment de servir; nous ne saurions donc pousser au hasard les hommes de bonne volonté vers cette carrière; c'est à chacun de consulter mûrement ses forces et sa vocation. Il nous est toutefois permis de demander à ceux qui savent manier une plume et qui veulent s'en servir pour la cause du bien, de s'adresser plus souvent au peuple. Ils trouveront dans ses rangs, au lieu du public quinteux ou blasé devant lequel ils comparaissent de coutume, des lecteurs avides d'instruction, disposés à l'enthousiasme, et, considération plus digne de les toucher, des lecteurs trop souvent privés de guides sûrs et qu'il est urgent de prémunir contre les séductions dont les sophistes ne cessent de les entourer.

Mais, qu'on ne se fasse point illusion, les écrivains habiles travaillent seuls utilement pour le peuple; on ne peut toucher son esprit qu'à la condition de bien penser et de bien dire : il faut en même temps savoir se mettre à sa portée, et ce n'est point sans peine que l'on concilie les deux termes opposés du problème; le résoudre victorieusement est une entreprise digne des plus généreuses ambitions. L'opinion publique ne s'y trompe pas, d'ailleurs; et si les écrits soi-disant populaires, émanés d'auteurs qui n'ont pu réussir dans aucun autre genre, sont quelquefois l'objet de ses dédains, elle a de chauds applaudissements pour ceux qui, de loin en loin, mettent un véritable talent au service d'une si noble entreprise.

Hâtons-nous de le constater, la littérature populaire est en progrès. Si l'on remonte vers le passé, aucune époque n'offrira des essais aussi nombreux et d'aussi bons résultats. Les besoins en ce genre n'étaient pas autrefois aussi impérieux qu'ils le sont devenus; à mesure qu'ils apparaissent d'une manière plus évidente, on rencontre un plus grand nombre d'hommes appliqués à y pourvoir.

Il ne sera pas sans intérêt d'entrer un peu dans les détails de ce mouvement, de passer rapidement les différents genres en revue, et de voir ce que nous avons acquis et ce qui nous manque.

Je parlerai seulement de la France; tous nous devons exposer ici sans ostentation, mais aussi sans réticences, la vraie situation des divers pays au point de vue des œuvres catholiques; et ainsi, l'expérience commune remplaçant bientôt dans son ampleur l'expérience limitée de chacun, le progrès s'élancera sûr et rapide du sein de ces réunions.

IV

Toujours, mais ici spécialement, il convient de placer l'enseignement religieux au premier rang. La France dans ces derniers temps a vu paraître des ouvrages d'un incontestable mérite, dus à de puissants logiciens ou à des hommes d'une éloquence entraînante. La vérité catholique y est exposée d'une manière victorieuse. Plusieurs revues fournissent aussi chaque mois des travaux où les nouvelles assertions de l'erreur rencontrent une prompte réplique ; et les esprits cultivés, auxquels ces livres ou ces revues s'adressent, n'ont qu'à ouvrir les yeux pour voir la lumière.

Mais en est-il de même dans une autre sphère ? Je crois qu'il serait difficile de l'affirmer.

Des livres populaires d'enseignement religieux assez complets et d'une forme assez attrayante pour entretenir dans la connaissance et l'amour de la religion des hommes qui vont rarement chercher l'enseignement oral et dont la foi peut bien chanceler au milieu des séductions qui les entourent, de tels livres sont rares et l'on aurait peine à en nommer un seul qui satisfasse pleinement à sa destination.

Nous avons quelques bons ouvrages de polémique familière, tels que les *Réponses aux objections les plus répandues contre la religion*, par Mgr de Ségur, ou, *le Peuple ramené à la foi*, de M. de Mirville. Mais, quelque efficaces que soient ces écrits dans beaucoup de cas, ils ne peuvent remplacer un traité complet où le dogme et la morale du christianisme soient exposés d'une manière claire et saisissante, qui contienne en même temps des notions suffisantes sur l'histoire de la religion et l'explication des devoirs et des pratiques essentiels.

Ce *vade-mecum* du chrétien, qui devrait être un livre hors ligne, se trouve aujourd'hui représenté par un ouvrage que la plupart des enfants apportent dans leurs familles en quittant les bancs de l'école, mais qu'ils ne relisent guère sans doute dans le courant de leur vie : *la Doctrine chrétienne de Lhomond*; livre excellent au fond, mais vieux de près d'un siècle, et dont la forme n'est plus en rapport avec les allures de l'esprit moderne.

Pour l'histoire de la religion, nous en sommes aussi restés à Lhomond, et l'on est en droit de réclamer sur un sujet si important et si plein d'intérêt un ouvrage populaire mieux approprié aux besoins du temps.

La vie de Notre-Seigneur et celles des saints ont été l'objet, dans le cours de ces dernières années, de diverses publications, qui, sans être toutes destinées au peuple, seront pour la plupart utilement mises entre ses mains.

Il convient spécialement de lui faire connaître l'histoire des saints qui, par le temps où ils ont vécu et leur situation dans le monde, lui offrent des exemples d'une appréciation et d'une imitation faciles. Cette convenance a été comprise ; et, dans ce moment même, il paraît à Paris une publication recommandable sous le titre de *Saints de l'atelier*.

Nous devons aussi mentionner deux collections de petits livres dont la forme succincte, le prix minime, a permis la diffusion sur une grande échelle, et qui portent jusque dans les plus pauvres chaumières d'utiles enseignements, de pieux récits, des recueils de prières usuelles. L'une, imprimée à Paris, est due à M. l'abbé Mullois ; l'autre, publiée à Toulouse, à M. l'abbé Albouy. Celle-ci se compose déjà de plus de cinquante volumes ; il en a été vendu depuis trois ans plusieurs millions d'exemplaires.

A la suite des ouvrages puremement religieux, nous devons placer les livres de morale, qui, plus ou moins directement, portent les hommes à aimer la vertu, à se montrer fidèles au devoir, et leur suggèrent des idées justes et pratiques sur l'organisation économique et sociale de leur pays.

Nous ne parlons ici, bien entendu, que de ceux où l'enseignement n'est ni directement ni indirectement en opposition avec la doctrine catholique.

La France possède quelques bons ouvrages de cette catégorie, les uns déjà anciens, ceux de Laurent de Jussieu par exemple, d'autres, en plus grand nombre, datant seulement d'une quinzaine d'années. Parmi ces derniers nous pouvons citer : *les Ouvriers en famille*, de M. Audiganne, *les Soirées de l'ouvrier*, de M. Violeau, *les Mémoires d'Antoine*, de M. Rondelet, un des livres populaires le plus utiles et les mieux faits qui aient paru depuis longtemps.

C'est ici le lieu de parler des ouvrages destinés aux écoles primaires, et dans lesquels les enfants du peuple, avec la connaissance des lettres de l'alphabet, doivent puiser, pendant les années si précieuses et si courtes de leur éducation, une ample provision de sages maximes et de bons principes, provision qu'ils auront tant d'occasions de dépenser et qu'il ne leur sera pas donné de renouveler souvent. Les livres appropriés à cet usage ne nous font heureusement pas défaut, on pourrait en mentionner un certain nombre ; mais leur rôle est si important qu'on

ne saurait provoquer avec trop d'instances les travaux qui, d'une
situation satisfaisante, nous conduiront plus près encore de la
perfection.

V

Si, passant à une autre catégorie de livres, nous abordons l'histoire, les biographies, les voyages, nous aurons lieu de nous éton-
ner qu'on ait si peu ou si mal exploité jusqu'ici, au profit des
classes populaires, cette mine d'où l'on peut tirer tant de sujets
capables de les intéresser.

La plupart des ouvrages historiques que l'on met chez nous
dans les mains de ces lecteurs, n'ont point été composés pour
eux : ce sont de petits traités destinés aux jeunes gens qui
reçoivent l'enseignement secondaire ; il faut, pour les lire avec
plaisir et avec fruit, une préparation intellectuelle supérieure à
celle que l'instruction élémentaire peut donner. Beaucoup, voulant
enregistrer trop de faits, n'offrent sous un assez gros volume que
des tables chronologiques d'une extrême aridité.

Enfin le petit nombre de ceux qui semblent plus spécialement
écrits en vue du peuple ont été malheureusement conçus dans un esprit systématique, pour attirer les masses vers telle ou telle opinion.

Ils portent dès lors l'empreinte de doctrines trop absolues et
tombent fatalement dans l'un de ces deux excès : ou dénigrer
sans mesure le présent, et faire du passé l'objet d'éloges et de
regrets exagérés parfois jusqu'au ridicule ; ou exalter, au contraire,
les mérites de la société contemporaine avec un enthousiasme
exclusif, et vouer à la haine et au mépris les hommes et les institutions qui ont présidé aux destinées d'un autre âge. Ce n'est pas
ainsi qu'on formera le peuple à la sagesse et à la justice ; il ne
doit puiser dans l'histoire ni l'amour de l'immobilité, ni le culte
des révolutions.

Il faut demander à l'histoire ce qui rapproche les hommes, et
non ce qui les sépare. Plus nous remontons dans le passé, plus
nous trouvons nos pères voisins de la barbarie et dépourvus des
ressources matérielles qui de notre temps ont hâté la marche du
progrès. Ils ne pouvaient être ce que nous sommes ; mais, sans
qu'il soit question de reconstituer le régime sous lequel ils ont
vécu, l'historien populaire, au lieu de s'arrêter à juger ce régime
d'un point de vue souvent faux et d'en faire l'objet de ses décla-
mations, peut trouver dans les caractères et les actions des hommes
de tous les temps des traits glorieux pour l'humanité et des
exemples de vertu.

Le présent pour le peuple est le plus souvent solidaire du passé, et l'irritation qu'on veut lui suggérer contre ce qui n'est plus se retourne facilement contre ce qui est.

Mais d'un autre côté les panégyristes maladroits, en s'efforçant de lui inspirer de l'amour pour des formes sociales tombées en désuétude et qui n'ont plus droit qu'à être appréciées avec calme et justice, soulèvent sa méfiance, et n'obtiennent pas le peu qu'il serait raisonnable de lui demander.

Nous voudrions donc que les histoires populaires fussent écrites en dehors des passions contraires qui divisent la société contemporaine.

Il faudrait en même temps que leur forme fût adaptée aux besoins des lecteurs à qui elles sont destinées; peu leur importe l'intégrité de la série des faits. Tout ce qui n'est pas de nature à les intéresser peut être passé sous silence : quelques aperçus d'ensemble, des tableaux, des récits, des biographies, voilà ce qui leur convient.

Pour eux aussi, l'écrivain doit être sobre d'allusions et de termes qu'ils ne sauraient comprendre, à moins que des notes substantielles ne viennent leur fournir des éclaircissements suffisants.

Nous pourrions en dire autant à l'égard des relations de voyages. Elles offrent des lectures saines, récréatives, et ceux qui les écrivent ont moins d'écueils à éviter que les historiens, mais ils ont rarement le peuple en vue et ne se mettent pas toujours à sa portée.

Encore une fois, nous avons peu d'histoires, de biographies, de voyages vraiment populaires, et l'on ne saurait trop recommander aux écrivains catholiques de travailler à combler cette lacune.

Depuis quelques années, ils se portent de préférence vers la littérature d'imagination; ils suivent la pente générale, et veulent d'ailleurs poursuivre l'irréligion et l'immoralité sur le terrain où elles s'étalent le plus volontiers.

Le roman religieux est un genre rempli de périls. Il flatte les imaginations pour pénétrer jusqu'aux cœurs, où il est supposé devoir laisser des germes de foi et de vertu. Mais s'il manque son but, il a fait du mal, il a développé des instincts de frivolité, diminué le respect des grandes choses en les revêtant de formes légères; il a réveillé, sans les assouvir, des besoins qui chercheront ailleurs une satisfaction coupable.

Ce domaine, où toutes les bonnes volontés pénètrent aujourd'hui, devrait donc être l'apanage des talents d'élite.

Cependant, de tant d'essais, dont un grand nombre n'ont pas été couronnés de succès, quelques-uns ont produit des compositions excellentes où l'esprit, l'imagination, le bon goût, s'allient à des sentiments vraiment chrétiens. Nous pourrions citer les titres d'une cinquantaine de ces romans et recueils de nouvelles, publiés en France depuis quinze ou vingt ans, et qui peuvent être placés utilement dans une bibliothèque populaire. Nous nous abstiendrons toutefois d'aborder cette nomenclature; la limite qui sépare le vrai mérite de la bonne volonté moins heureuse, dans un genre où se rencontrent tant de concurrents, cette limite repose sur des nuances délicates; mieux vaut ne pas entreprendre de la tracer ici; on trouvera dans le *Bulletin bibliographique de la Société pour l'amélioration et l'encouragement des publications populaires,* le compte rendu de toutes celles de ces compositions qui peuvent être recommandées.

Ce qui manque aux écrivains dont les efforts n'ont pas abouti à de bons résultats, c'est parfois la valeur littéraire, mais plus souvent le tact et la prudence. Il en faut beaucoup, en effet, pour combiner ces récits fictifs de manière à ce qu'ils exercent une action bienfaisante sur des esprits peu préparés, des imaginations impressionnables et mobiles. Les erreurs du jugement sont aussi funestes que les égarements du cœur; la tendance morale d'un roman ne suffit donc pas pour que la lecture en devienne profitable, il faut encore que celui que l'on veut instruire ne risque pas d'y puiser de fausses notions sur les choses de la vie.

On ne doit point le transporter en dehors de la sphère où il vit, de celles du moins qu'il a pu observer et connaître, sinon les enseignements qui peuvent être dégagés de la fiction n'ont pour lui aucun sens pratique. Vous mettez en jeu, par exemple, les classes supérieures avec les défauts qui leur sont propres : l'homme du peuple ne tire de ce récit aucune conclusion personnelle; il ne conçoit point de l'horreur pour les vices que vous avez peints, mais bien pour ceux à qui vous les avez attribués. Si vous vous plaisez à raconter des prospérités fabuleuses, des générosités exagérées, vous le laisserez mécontent de son propre sort, mécontent des procédés de ceux qui l'entourent. La conclusion pratique de ces diverses observations sur le roman populaire est qu'on ne doit, à la légère, ni entreprendre de l'écrire, ni se charger de le propager.

Passons à une classe d'ouvrages d'une nature bien différente; je veux parler de ceux qui ont rapport aux sciences et aux arts techniques; notre siècle, entre tous, professe le culte de l'utile, et c'est dans la sphère de l'industrie qu'il a réalisé les progrès les plus marqués.

Les ouvriers des villes et des campagnes, agents infatigables de ce grand mouvement, ne devaient pas rester étrangers à la connaissance des procédés perfectionnés que la science a découverts et qu'ils appliquent. Aussi, les moyens d'instruction professionnelle ont été multipliés, et l'on a spécialement publié bon nombre de petits manuels bien réussis généralement et qui mettent à la portée de toutes les intelligences les principales notions relatives aux sciences appliquées, à l'industrie, à l'agriculture.

Les auteurs de plusieurs de ces ouvrages, comprenant que l'ouvrier ne vaut pas moins par la moralité que par l'intelligence, ont placé de bons conseils à côté d'indications utiles. Ce sont là des exemples rares encore, mais qu'on ne saurait proposer à trop d'imitateurs.

V

En dehors des grandes divisions de la littérature populaire que nous avons parcourues, il nous reste à parler de deux sortes de publications importantes par le rôle qu'elles jouent, à savoir : des *Almanachs* et des *Revues*.

Connu chez nous depuis le xve siècle, l'almanach a été longtemps, avec quelques ouvrages de dévotion, le seul livre qui pénétrât dans les chaumières; nul aujourd'hui n'y trouve un accès plus facile, et personne ne sera surpris d'apprendre qu'en France il s'en répand chaque année, sous quatre cents titres différents, près de huit millions d'exemplaires, c'est-à-dire au moins un exemplaire par famille.

La plupart de ces petits volumes sont de vraies encyclopédies qui, pour un prix modique, fournissent des notions de tout genre à des lecteurs qui ne veulent consacrer aux travaux et aux plaisirs de l'esprit ni beaucoup de temps ni beaucoup d'argent.

Il est fort important, au point de vue religieux, de pouvoir offrir aux familles catholiques des almanachs où tout soit vrai, utile et convenable, et dans lesquels trouvent place quelques bons conseils propres à les soutenir dans la croyance et la pratique de la religion. Sous une autre forme, cet enseignement n'aurait pas à tous les foyers un aussi facile accès.

Les sectes dissidentes ont leurs almanachs, moyen puissant de propagande : les catholiques doivent en avoir aussi; c'est un objet digne de l'attention et des soins particuliers de ceux qui prennent à cœur le bien moral des populations. En France, sous ce rapport, nous n'avons point encore atteint à la perfection; cependant on y peut disposer de quelques bons almanachs religieux, parmi lesquels il faut mettre au premier rang ceux publiés par les soins des conférences de Saint-Vincent de Paul de Paris, intitulés : *Almanach du Laboureur, Almanach de l'Atelier, Almanach de l'Apprenti, le Coin du feu;* ils sont tirés en tout à près de 175,000 exemplaires.

Les publications périodiques qui, moyennant un prix d'abonnement peu élevé, viennent pourvoir chaque semaine aux lectures des familles, ou que l'on peut acheter en feuilles sur tous les points de la cité, sont entrées comme les almanachs dans les habitudes des diverses classes de la société. Il paraît à Paris une trentaine au moins de ces recueils hebdomadaires ornés d'illustrations, valant de cinq à dix centimes le numéro, et dont quelques-uns sont tirés à plus de 100,000 exemplaires. Certains éditeurs savent associer au bon marché une perfection matérielle et artistique vraiment surprenante. Mais, sous le rapport moral, la plupart de ces recueils sont moins recommandables. Beaucoup ne contiennent que des romans plus ou moins licencieux qui pénètrent ainsi partout.

Sur ce terrain encore, il faut lutter. La lutte y est difficile, parce que les mauvais penchants de l'âme humaine sont du côté de nos adversaires; mais, si l'on a peu de chances, en thèse générale, d'atteindre et de ramener les cœurs déjà corrompus, on doit du moins offrir une nourriture saine aux esprits qui sont disposés à l'accepter. Des efforts généreux ont depuis quelques années abouti à d'heureux résultats.

Quelques revues populaires à bon marché, inspirées par un esprit vraiment chrétien, sont à la disposition des diverses catégories de lecteurs. Aux plus humbles la société de Saint-Vincent de Paul offre ses *petites lectures illustrées* paraissant chaque mois moyennant un abonnement annuel de 0,40 c., et qui sont tirées à plus de cent vingt-cinq mille exemplaires.

Depuis trois ans deux autres revues populaires, l'*Ouvrier* et le *Messager de la semaine,* paraissent chaque samedi. L'une a huit pages, elle se vend cinq centimes le numéro ; l'autre en a seize, et coûte dix centimes. Elles sont enrichies de bonnes *illustrations,* et donnent des articles de littérature, d'histoire, de voyages, de sciences, d'agriculture. Une autre feuille hebdomadaire, l'*Abeille historique et littéraire,* date de quelques mois seulement. Dans une sphère un peu plus élevée nous pourrions encore trouver quelques bons recueils périodiques s'inspirant du même esprit que les précédents ; *la Semaine des familles,* par exemple.

Nous sommes entrés dans un examen détaillé des travaux auxquels les écrivains catholiques se livrent pour procurer aux

classes populaires une instruction solide et d'honnêtes délasse-
ments. On en peut tirer cette conclusion consolante, que jamais
plus d'efforts sérieux ne furent tentés, jamais plus de bonnes
volontés ne se mirent à l'œuvre. Il y a certainement des lacunes
à combler, des imperfections à corriger; car les ouvrages composés pour le peuple sous l'inspiration du zèle religieux ne sauraient être trop parfaits. Ce qui reste à faire est l'œuvre du public;
il faut que l'opinion, à peine éveillée, s'intéresse de plus en plus
à ce mouvement, qu'elle le propage et lui imprime une bonne
direction.

VI

2° PUBLICATION.—Si la gloire ou la responsabilité qui s'attachent
à la publication d'un livre appartiennent surtout à l'auteur, on ne
peut nier cependant que l'éditeur n'y doive aussi avoir une
large part.

Le premier est le plus souvent à la merci du second, il subit
presque nécessairement l'influence de ses opinions, et si les conditions matérielles qui lui sont faites ne lui permettent pas d'a-
border son œuvre avec des loisirs et une liberté d'esprit suffisants,
il ne peut s'élever au-dessus de la médiocrité.

Enfin, de la forme matérielle qu'un éditeur sait donner à un
ouvrage, de la manière plus ou moins habile dont il le lance
dans le monde, dépendent en grande partie son succès, le nombre
des lecteurs qu'il rencontre, et par conséquent l'action qu'il exerce
sur l'esprit public.

On peut donc le dire sans exagération, grâce à l'influence prépondérante des idées et par conséquent des livres au sein de
notre société moderne, un éditeur habile, riche, entreprenant, généreux, entouré de la pléiade d'écrivains du talent desquels il
dispose, est un personnage aussi important aujourd'hui que put
l'être autrefois un haut baron parmi ses chevaliers.

L'esprit commercial est quelquefois, il faut bien le reconnaître,
le seul inspirateur des chefs de grandes maisons de librairie; mais,
lorsque derrière la marchandise ils voient l'idée, et que leurs con-
victions personnelles pèsent d'une manière prépondérante dans
la balance devant laquelle ils supputent leurs opérations, heureuse
alors la cause qui reçoit leur appui.

Les catholiques en France trouvent un légitime sujet de satisfaction dans le nombre et l'attitude des éditeurs qui se vouent à

la publication des ouvrages religieux et spécialement des livres populaires.

Nous pourrions, si la crainte des omissions ne nous arrêtait, placer ici une longue liste de noms honorables.

Quelques chiffres que nous sommes à même de fournir sur l'une de ces maisons, celle de M. Mame, de Tours, suffiront pour donner une idée de la force d'expansion dont les publications populaires sont pourvues en ce moment.

Les ateliers de M. Mame, dans lesquels, et seulement pour les travaux qui ne peuvent se faire au dehors, plus de mille ouvriers sont employés, réunissent l'imprimerie, la librairie, la confection des reliures.

Il en sort chaque année, en moyenne, cinq millions de volumes; savoir : deux millions de livres destinés au peuple ou à la jeunesse, quinze cent mille livres classiques, quinze cent mille livres de liturgie et de piété. Un dixième environ de ces produits se répand à l'étranger.

La France dispose donc de moyens puissants pour la diffusion des saines doctrines; quant aux qualités ou aux défauts des œuvres offertes au public dans une si large proportion, ce que nous avons dit à propos de la composition des livres trouve ici encore son application, et les mêmes influences qui doivent élever les écrivains plus près de la perfection agiront aussi sur les éditeurs pour les soutenir dans la voie du progrès.

Avant d'aborder une autre série de faits, nous mentionnerons ici, quelques-unes des œuvres charitables qui peuvent être rattachées à cette division de notre travail :

L'*Œuvre de Saint-Michel*, par exemple, récemment fondée à Paris, et qui se propose de faire imprimer aussi économiquement que possible les ouvrages qui lui paraîtront spécialement utiles à répandre, pour les mettre dans le commerce sans réaliser de bénéfices, et par conséquent à très-bas prix.

Citons aussi l'œuvre plus ancienne qu'a organisée un libraire-éditeur de Paris, M. Vrayet de Surcy, sous le titre d'*Œuvre des Agrégations*. Ceux qui en font partie souscrivent pour cinq ans, au moins, une cotisation annuelle de six francs, et reçoivent à des prix aussi réduits que possible tous les bons livres qu'ils désirent se procurer.

VII

3° Colportage. — Aucune œuvre catholique, à notre connaissance, ne prend soin en France de faire colporter des publications populaires. Il en existait une il y a peu d'années; ses efforts n'ont pas été couronnés de succès. Il n'est point facile en effet d'organiser, de diriger, de surveiller un personnel que la nature de ses opérations tient sans cesse éloigné de la direction centrale, et qui peut si facilement échapper à son contrôle.

Si les ouvrages que les colporteurs répandent au sein de notre pays ne sont pas toujours ceux qu'une œuvre catholique choisirait de préférence, du moins, sous le régime de la loi de 1849, ils ne distribuent point de livres irréligieux ou obscènes comme à de certaines époques.

Les restrictions qui sont imposées à cette industrie n'en ont point toutefois arrêté le développement progressif. Les colporteurs vendent maintenant en France, dans le cours d'une année, environ vingt millions de volumes; en 1847 ils en plaçaient moitié moins. On voit combien cette manière de propager les publications populaires est féconde. Il est à souhaiter que les catholiques ne négligent pas plus longtemps d'y avoir recours. Le principal obstacle est dans l'avance de fonds qu'elle exige et les chances de pertes auxquelles elle expose. Ces considérations n'arrêtent pas les sociétés protestantes.

4º Distribution gratuite. — Cette mission charitable n'est point en général remplie par des œuvres spéciales : toutes les sociétés catholiques qui secourent les malheureux, s'en acquittent accessoirement, car elles savent de combien l'âme l'emporte sur le corps : le pain pour celui-ci de fraternels entretiens, de bons livres, pour l'autre, ce double bienfait constitue seul une aumône complète.

Cependant une œuvre récemment fondée à Paris, l'*Œuvre de Sainte-Anne* se propose comme but principal de recueillir au moyen de dons en nature, et d'acheter au besoin, des ouvrages pieux, afin d'en pourvoir gratuitement les familles indigentes qui n'en auraient point à leur disposition.

Mais c'est par le canal de la charité individuelle que se répandent surtout les bons livres. Ils vont ainsi trouver les habitants de la commune au jour de la maladie, les enfants de l'école, les ouvriers attachés à l'exploitation, les serviteurs de la maison. Ce don amical, qui établit une communion de l'âme entre celui qui possède la lumière et celui qui a besoin d'être éclairé, constitue certainement un des actes de charité les plus doux pour ceux qui les accomplissent, les plus profitables pour ceux qui en sont l'objet.

VIII

5° **Formation de bibliothèques populaires.** — Les distributions de livres n'atteignent qu'un nombre restreint de personnes, et les bienfaits de la lecture doivent être à la portée de tous. Le meilleur moyen d'arriver à ce résultat est de former des bibliothèques publiques ; nous ne voulons point parler de celles dont la plupart de nos grandes villes sont pourvues et qui offrent aux hommes instruits tout ce que, sans distinction, a produit l'esprit humain. Il s'agit ici de bibliothèques populaires où les habitants les plus modestes d'une paroisse, d'une commune, puissent venir emprunter, pour les lectures de la famille, des ouvrages de choix appropriés à leur condition et à leurs besoins.

On a songé plus d'une fois en France depuis quelques années à organiser ces bibliothèques d'une manière générale et sur un plan commun. Le gouvernement lui-même a pris part plus ou moins directement aux efforts tentés dans ce but.

Dès 1850 une société se formait sous le titre d'*Association universelle pour la fondation des bibliothèques communales* ; et le ministre de l'intérieur, dans une lettre insérée au *Moniteur* du 31 mai, recommandait aux préfets d'en favoriser les opérations. Cette tentative n'eut pas de suites.

En 1862, par arrêté du 1er juin, M. le ministre de l'instruction publique a prescrit l'établissement dans chaque école primaire d'une *bibliothèque scolaire*, qui, outre les ouvrages élémentaires à l'usage des élèves, pourra contenir des livres approuvés par l'inspecteur d'académie et qui seront prêtés aux familles. Cet arrêté n'a pas encore produit de résultats appréciables, du moins dans un certain nombre de départements où l'on ne paraît pas s'être occupé d'organiser les bibliothèques scolaires.

Deux mois plus tard s'est constituée à Paris, sous le nom de *Société Franklin* et le patronage d'hommes haut placés dans les lettres, les sciences et la politique, une *association pour la propagation des bibliothèques municipales en France*.

Elle a déjà répandu des circulaires : il y est dit qu'en même temps qu'elle concourra par des conseils et des encouragements à la formation de bibliothèques permanentes, elle fournira directement aux groupes de lecteurs qui en feront la demande, et moyennant un prix de location de vingt-cinq centimes par jour, des bibliothèques circulantes, sortes de cabinets de lecture ambulants, qui contiendront chacune une centaine de volumes renouvelables tous les trois mois.

Une liste des ouvrages qui composent les premières caisses a été annexée aux circulaires.

Ils proviennent tous du fonds de l'éditeur de la bibliothèque des chemins de fer et ne sont autres, sauf quelques additions et suppressions, que ceux qui figurent sur le catalogue de cette bibliothèque et que l'on voit exposés dans toutes les gares.

Si cette Société devait ainsi être absorbée par une maison de librairie, et si l'on jugeait, par la première liste, de la nature des ouvrages qu'elle propagera, on pourrait se demander quel but moral elle se propose : une institution de ce genre, dirigée par des hommes de la valeur de ceux qui administrent la Société Franklin, ne peut pas tendre uniquement à encourager la lecture pour la lecture, comme ailleurs on parle de l'*art pour l'art*. Les éditeurs, laissés à leur propre responsabilité, suffiraient à cette tâche. Il faut attendre encore avant de se prononcer.

On le voit, les expériences tentées jusqu'à ce jour, et dont les dernières sont trop récentes pour qu'on puisse en tirer des conclusions certaines, ces expériences semblent indiquer qu'une seule œuvre ne peut pas facilement se charger du travail immense de l'organisation générale des bibliothèques. Mais le zèle privé ou collectif y a pourvu sur bien des points; et, pour nous en tenir aux bibliothèques formées sous l'influence de l'esprit catholique, nous pouvons affirmer qu'elles sont nombreuses en France.

Tantôt elles demeurent isolées sous la forme de bibliothèques paroissiales, tantôt elles sont unies entre elles pour former une grande œuvre diocésaine, comme dans le diocèse d'Avignon où la publication d'un bulletin mensuel, sous le titre de *Revue des bibliothèques paroissiales du diocèse d'Avignon*, sert de lien aux membres de l'association.

Nous appellerons tout spécialement votre attention sur l'*Œuvre des bibliothèques cantonales du diocèse de Nancy*, dont l'organisation peut à juste titre être citée comme un modèle. Ses premiers commencements datent de 1847, mais c'est en 1856 qu'elle a été définitivement constituée.

Elle met en pratique ce système de circulation des livres que vient d'adopter la Société Franklin.

Environ quatre cents paroisses sont pourvues de bibliothèques, qui restent la propriété collective de l'œuvre. Chaque année, pendant le temps de la moisson, lorsque les campagnards n'ont guère le loisir de songer à la lecture, un échange de livres a lieu entre les diverses bibliothèques par les soins de commissions cantonales, sous la direction d'un conseil diocésain. On profite aussi de ce moment pour réparer les livres défectueux et faire emplette de quelques nouveautés. Tout est combiné de manière à ce que chaque paroisse ne voie revenir le même ouvrage que tous les dix ans; c'est alors un vieil ami que l'on retrouve avec plaisir; même, pour beaucoup de lecteurs, c'est un nouveau venu, car un groupe d'hommes, en dix années, éprouve encore plus de vicissitudes qu'une collection de livres.

Qu'il nous suffise d'avoir cité ces quelques exemples: une revue complète de toutes les bibliothèques populaires et catholiques qui existent en France serait un travail immense; il ne peut trouver place ici.

Toutefois, avant de passer à un autre ordre de faits, mentionnons diverses œuvres qui concourent à la formation des bibliothèques locales. Si en effet, parmi les œuvres catholiques, il n'en est pas, comme nous l'avons déjà fait observer, qui ait pris en main l'organisation générale de ces bibliothèques, plusieurs cependant leur prêtent un appui efficace.

La *Société pour l'amélioration et l'encouragement des publications populaires*, fondée à Paris au commencement de l'année 1862, et dont nous aurons occasion de parler plus longuement au paragraphe suivant, fournit, soit au moyen de son *Bulletin* mensuel, soit par voie de correspondance, tous les renseignements dont peuvent avoir besoin les personnes qui ont à choisir des livres, et se charge d'ailleurs de les leur procurer à de bonnes conditions.

L'*Œuvre de Saint-François de Sales* et l'*Œuvre des Campagnes*, établies toutes deux depuis une dizaine d'années pour seconder tous les efforts qui tendent au maintien et au développement de la foi catholique en France, ont reconnu l'une et l'autre que la lecture est aujourd'hui le principal véhicule de la vérité comme de l'erreur; elles font donc de la diffusion des bons ouvrages l'objet de soins particuliers, et les bibliothèques paroissiales ont une large part à leurs libéralités.

VIII

6° CRITIQUE. ENCOURAGEMENTS. — Nous avons eu plus d'une fois, au cours de cette étude, l'occasion de signaler le rôle important de l'opinion dans les questions relatives aux publications populaires. On peut dire en effet que beaucoup des imperfections qu'on est en droit de leur reprocher encore, tiennent à la longue indifférence des lettrés qui laissaient passer, sans leur accorder un regard attentif, ces publications destinées à un autre public; et qui parfois, ayant occasion de s'en faire les distributeurs, se contentaient des garanties que le titre du livre et le nom de l'éditeur semblaient leur offrir.

Des ouvragees sur lesquels aucun juge compétent ne doit formuler un avis, sont destinés, par la force des choses, à ne jamais franchir les limites de la médiocrité. Or nous l'avons dit, et nous ne saurions trop le répéter, les compositions médiocres ne peuvent faire de bien et sont dès lors fort près de faire du mal.

Le plus pressé, avant de distribuer des livres et de former des bibliothèques, c'est d'améliorer la littérature populaire. Les écrivains, même les plus zélés, ont besoin d'un stimulant : il faut qu'ils soient à la fois critiqués et encouragés.

La critique s'exerce, il est vrai, par la voie des journaux, des revues et spécialement d'un recueil mensuel très-bien rédigé, *la Bibliographie catholique*; mais, outre que les livres populaires n'y ont qu'une place secondaire, pour que la critique soit féconde elle doit représenter plus qu'une manière de voir individuelle, et pouvoir s'offrir, pour ainsi dire, comme l'expression de l'opinion publique.

Il n'y a qu'un moyen de réaliser cette condition, c'est que la critique devienne l'œuvre collective d'une réunion d'hommes attachés aux mêmes croyances, animés du même esprit, mais placés dans des situations diverses. La *Société pour l'amélioration et l'encouragement des publications populaires* s'est constituée pour remplir cette mission. Elle appelle à elle tous ceux qui comprennent l'importance du rôle que jouent les livres au sein des classes populaires et qui veulent tenter quelques efforts pour que ces livres soient bons et leur influence bienfaisante.

Son premier et son principal travail, celui auquel elle s'est livrée assidûment depuis deux ans, est la recherche et l'examen consciencieux des publications qui semblent devoir répondre à son but.

Elle choisit entre tous ces ouvrages ceux qui lui semblent dignes d'être recommandés, et en rend compte dans son Bulletin mensuel. Elle entretient en outre, avec les auteurs et les éditeurs qui veulent entrer en relation avec elle, une correspondance où sont consignées des observations plus détaillées.

Elle tient en même temps à la disposition de ses membres et de tous ceux qui recherchent de bons livres, les ouvrages qu'elle a

cru pouvoir adopter ; en un mot, elle est destinée à servir de point
de ralliement à toutes les œuvres éparses qui font entrer les livres
parmi les éléments du bien qu'elles réalisent. Cette Société se
propose encore, dès que ses ressources le lui permettont, d'ouvrir des concours et de décerner chaque année des récompenses
aux auteurs des meilleurs ouvrages populaires.

L'appât de ces récompenses est certainement le moindre des
stimulants qui doivent exciter leur zèle ; elles ne sont point cependant sans valeur : l'honneur qui s'y attache en fait le principal
prix, et nous voyons dans toutes les circonstances où des médailles
sont distribuées que de nombreux concurrents se les disputent
avec ardeur.

En France, jusqu'ici, les écrivains qui vouent leur plume à l'instruction du peuple, ont peu d'occasions de se voir ainsi couronnés. Ils peuvent concourir cependant pour les prix que distri-
bue chaque année l'Académie française sur le montant de la fondation de M. de Monthyon en faveur des ouvrages les plus utiles
aux mœurs.

Quelques ouvrages populaires ont obtenu cet honneur qui leur
a valu des succès qu'elles méritaient, mais qu'elles n'eussent peut-
être pas obtenus aussi rapides ni aussi complets si elles n'avaient
été mises ainsi en relief.

Il n'est pas permis à tous ceux qui voudraient contribuer à per-
fectionner la littérature populaire, il ne leur est pas permis d'i-
miter les libéralités de M. de Monthyon ; mais tout devient facile
au moyen de l'association, et, sans doute avant peu, la *Société pour
l'amélioration et l'encouragement des publications populaires* se
verra en mesure de remplir cette dernière partie de son pro-
gramme.

Arrivé au terme de cette étude, un peu longue et pourtant fort
incomplète, sur une des questions les plus opportunes et les plus
intéressantes qui puissent s'offrir à vous, je résumerai en quelques
mots les impressions qu'elle me semble devoir laisser dans vos
esprits :

Il se fait beaucoup de mal au moyen de la presse, il peut aussi
se faire beaucoup de bien.

Pour arriver à ce dernier résultat, il faut que les catholiques
éclairés prennent tous intérêt aux publications populaires, et qu'ils
s'associent avec empressement aux œuvres qui auront pour but,
d'abord de les améliorer, puis de les multiplier, d'encourager
ceux qui les composent, d'organiser enfin des moyens de diffusion
suffisants.

Le congrès de Malines voudra certainement contribuer à fortifier et à propager celles de cès œuvres dont il aura reconnu l'utilité, à signaler les écueils qui sont à éviter, les améliorations qu'il est important de réaliser.

Nous venons donc vous demander d'inscrire à votre procès-verbal la délibération suivante :

Les catholiques réunis à Malines considèrent comme un intérêt de premier ordre la diffusion de bonnes publications au sein des classes populaires.

Dans ce but, les mesures suivantes leur semblent devoir être recommandées :

1° Constituer dans chaque pays une *Société centrale pour l'amélioration et l'encouragement des publications populaires*, à l'instar de celle qui existe à Paris.

2° Etablir dans chaque diocèse une *OEuvre des bibliothèques paroissiales* sur le modèle de celle du diocèse de Nancy.

3° Faire passer, dans la production des livres populaires, la qualité avant la quantité, et ne pas multiplier outre mesure les œuvres d'imagination.

4° Encourager spécialement la publication des ouvrages suivants :

a Un bon *Manuel du chrétien* contenant, à l'usage du peuple, l'exposition et la démonstration des vérités de la religion, un résumé de son histoire, des instructions sur l'accomplissement des devoirs et des pratiques qu'elle prescrit.

b Une histoire populaire de l'Eglise jusqu'à nos jours.

c Une histoire nationale de chaque pays, écrite en dehors de tout esprit de parti, passant rapidement sur les époques obscures ou peu intéressantes, s'arrêtant de préférence à raconter la vie des hommes utiles ou qui ont donné de grands exemples de vertu, de dévouement, de courage, alors même qu'ils n'auraient pas pris une part directe aux événements politiques de leur temps.

d Un bon almanach à l'usage des habitants des campagnes ; un, à l'usage des ouvriers des villes.

e Une revue populaire illustrée, paraissant chaque semaine à très-bas prix et mêlant des conseils de morale religieuse à des notions scientifiques, agricoles, industrielles ; à des articles d'histoire, de voyages, de littérature ; mais se montrant sobre de compositions purement imaginaires.

Comte A. DE MOUSTIER.

PARIS. — IMP. ADRIEN LE CLERE, RUE CASSETTE, 29.